Pressens-tu un bonheur ?

fr. Roger, de Taizé

Pressens-tu un bonheur ?

Les Presses de Taizé

Du même auteur

© Ateliers et Presses de Taizé, 2005
ISBN : 285040 227 3
Communauté, 71250 Taizé, tél. : 03 85 50 30 30
community@taize.fr – www.taize.fr

Dieu nous veut heureux

Il y a un bonheur dans le don
de soi-même

Si nous pouvions savoir qu'une vie heureuse est possible, même aux heures d'obscurité…

Pour qu'une vie soit belle, il n'est pas indispensable d'avoir des capacités exceptionnelles ou de grandes facilités : il y a un bonheur dans le don de soi-même.

Ce qui rend heureuse une existence, c'est d'avancer vers la simplicité : celle de notre cœur, et celle de notre vie.

Quand la simplicité est intimement associée à la bonté du cœur, un être humain peut créer un terrain d'espérance autour de lui.

Pour qui avance de commencement en

commencement, une vie heureuse se construit. Jour après jour, et même de nuit,
nous irons à la source : en ses profondeurs
scintille une eau vive.

Serait-ce aussi cela, l'âme humaine : la
discrète palpitation d'un bonheur ?

L'appel de Dieu

Dieu nous veut heureux ! Mais il ne nous invite jamais à être indifférents à la souffrance des autres. En présence des épreuves, Dieu nous suggère d'être créateurs.

Notre vie prend un sens quand elle est réponse vivante à un appel de Dieu. Mais comment discerner son appel ? Beaucoup se posent la question : « Qu'est-ce que Dieu attend de moi ? »

Dans le silence intérieur, cette réponse peut surgir : « Ose donner ta vie pour les autres, là tu trouveras un sens à ton existence. »

Dieu attend que nous soyons un reflet

de sa présence, porteurs d'une espérance d'Évangile.

Qui répond à cet appel n'ignore pas ses propres fragilités, mais garde en son cœur ces paroles du Christ : « Ne crains pas, donne seulement ta confiance ! » [1]

Il en est qui perçoivent que l'appel de Dieu pour eux est une vocation pour toute l'existence. Certains ont déjà pressenti cet appel dans leur enfance.

Le Saint-Esprit a la force de soutenir un oui de toute la vie. N'a-t-il pas déposé dans l'être humain un désir d'éternité et d'infini ?

En lui, toujours à nouveau, il est possible de retrouver un élan et de se dire : « Fais-toi un cœur résolu, et poursuis le chemin ! » Et peut survenir cette découverte : c'est parfois dans des situations exigeantes que l'être humain devient pleinement lui-même.

Et voilà que, par sa mystérieuse présence, l'Esprit Saint accomplit un changement dans nos cœurs, rapide pour les uns, imperceptible pour les autres. Ce qui était obscur et inquiétant en vient à s'éclairer.

Jusqu'au bout de l'existence, l'audace d'un oui peut apporter tant de clarté.

Ce oui est confiance limpide. Il est amour de tout amour.

La facilité ne conduit pas à la créativité

Ayant connu très jeune, par des lectures en famille, l'histoire de religieuses du XVIIe siècle, j'étais captivé de découvrir ce que quelques femmes, vivant en communauté, avaient pu accomplir. Je me demandais : si des femmes peu nombreuses, donnant leur vie à cause du Christ, ont eu un tel rayonnement d'Évangile, quelques hommes, réunis dans une communauté, ne le pourraient-ils pas aussi ?

Plus tard, arrêté par la tuberculose pulmonaire, avec une longue rechute, où la mort pouvait sembler proche, je lisais, je méditais. Et peu à peu je réalisais qu'il était essentiel de créer une communauté d'hommes dans laquelle chacun puisse faire le don de toute sa vie, avec le courage d'aller toujours de l'avant.

En été 1940, au début de la Seconde Guerre mondiale, la guérison étant venue, je me rendis quelques jours à la montagne et c'est là que je me dis : « Tu as beaucoup réfléchi, il y a maintenant urgence à commencer. »

Je souhaitais d'abord en quelque sorte me mesurer moi-même : suis-je capable de me tenir au milieu d'une des plus grandes épreuves du moment ? Je voulais trouver une maison où accueillir ceux qui cherchaient un refuge à cause de la guerre, et où il y aurait un jour une communauté.

Les trains fonctionnaient peu, je partis de Genève à bicyclette. Certains ponts étaient détruits, on ne pouvait franchir le Rhône que par un pont de corde, la bicyclette sur les épaules.

Dès le premier matin, non loin de la

frontière suisse, je découvris une maison près de Frangy en Savoie, une belle demeure avec une grande ferme. Elle comportait une chapelle où saint François de Sales avait célébré la messe. La propriétaire, arrivée à un âge avancé, souhaitait aller vivre au village, tout près de l'église : même le jour où elle serait alitée, disait-elle, elle entendrait la célébration de la messe depuis son lit. Elle était disposée à laisser sa propriété en viager, en échange d'une petite rente mensuelle.

Ce lieu me parut trop aisé. Une pensée était ancrée en moi : bien souvent, la facilité ne conduit pas à la créativité.

Continuant la route, au bout de quelques jours je me trouvai dans le Mâconnais. Connaissant l'histoire de Cluny, je voulus aller visiter l'endroit. Je m'attendais à ne trouver que les ruines du monastère au cœur d'une clairière. Mais voilà que Cluny était une petite ville, et il y avait un notaire. Celui-ci me parla d'une maison située à dix kilomètres. Je repris la bicyclette et, tard dans la matinée, j'arrivai à Taizé.

La maison était vide depuis plusieurs années. Aucun acheteur ne se présentait. Le domaine avait été vendu, il ne restait qu'un clos près de la maison.

La vie du village, autour du petit clocher roman, était simple, il n'y avait ni eau courante, ni téléphone. Une voisine m'expliqua qu'il n'y avait pas de lieu pour manger, mais qu'elle et sa fille m'invitaient à déjeuner. Durant le repas, elles me dirent : « Restez ici, nous sommes si seuls, si isolés. » Ces mots furent décisifs.

Je retournai à Cluny voir le notaire. Il me déconseilla l'achat en disant : « Vous n'avez que vingt-cinq ans, vous risquez de passer une partie de votre vie à travailler pour entretenir ces lieux en si mauvais état. » J'allai prier un moment à l'église de Cluny et je me décidai pour Taizé.

« Jésus le Christ, pourquoi me suis-je

arrêté à Taizé ? D'abord et avant tout pour vivre de toi et par toi.

Tu le sais, mon attente de ce jour-là est restée la même aujourd'hui.

Qui suis-je venu chercher d'autre que toi, le Christ ? »

Un appel pour toute la vie

Si le Christ nous interpellait : « Qui suis-je pour toi ? »[2], nous pourrions lui répondre :

« Toi, le Christ, tu es celui qui nous aimes jusque dans la vie qui ne finit pas. Tu saisis tout de nous. Nous voudrions être tout transparents avec toi, et te donner non pas une période seulement, mais toute notre vie. »

Et comme le Christ comprend tout de nous, il arrivera peut-être à certains de lui dire :

« Les jours passaient et je ne répondais pas à ton appel. J'allais jusqu'à me deman-

der : ai-je vraiment besoin de Dieu ? Hésitations et doutes me faisaient dériver loin
de toi.

Pourtant, même quand je me tenais
loin de toi, tu m'attendais. Toi tu demeu-
rais tout proche de moi.

Jour après jour, tu renouvelles en moi
une spontanéité pour tenir dans un oui.
Ton regard de compréhension rend
possible ce oui qui me portera jusqu'au
dernier souffle. »

Dans les débuts de notre communauté,
nous étions conscients des hésitations qui
pourraient surgir en nous, ces moments où
le oui et le non se heurtent. Et nous nous
demandions : comment allons-nous tenir
dans l'appel que Dieu nous adresse ?

J'avais écrit un texte sur notre
recherche et je ne peux pas oublier un
entretien avec une femme qui l'avait lu.
J'avais beaucoup d'estime pour elle.
Infirme depuis sa naissance, elle était écri-
vain et avait de grandes connaissances du

Nouveau Testament. Elle m'a dit : « Vous craignez de ne pas pouvoir persévérer ? Mais l'Esprit Saint est là, il est assez fort pour soutenir une vocation tout au long de la vie. »

Avec mes frères, peu à peu nous avons compris que l'Esprit Saint était toujours présent et qu'il conduirait notre chemin. Et il devint évident que, pour demeurer fidèles, nous avions à nous engager pour l'existence entière. Nous avons pris cet engagement pour toute la vie à Pâques 1949. Nous étions sept frères.

Qui cherche une communion en Dieu se laisse travailler pour toujours par l'une des paroles toutes claires du Nouveau Testament : « Dieu ne nous a pas donné un esprit de peur, mais un esprit d'amour. » [3]

Pressens-tu un bonheur ? Oui, Dieu nous veut heureux ! Et il y a un bonheur dans l'humble don de soi-même.

Esprit Saint, pour chacun de nous tu veux une joie, un bonheur d'Évangile. Et la paix de notre cœur peut rendre la vie belle à ceux qui nous entourent.

Étonnement d'une joie

Joie inespérée

Longtemps avant le Christ, un croyant adressait cette invitation : « Quitte ta tristesse, laisse Dieu te conduire vers une joie. » [4]

Quand les hésitations, ou même les doutes, enlèvent la joie de Dieu en nous, ne nous inquiétons pas ! Bien souvent ce ne sont que des trous d'incrédulité, rien de plus.

Quelles que soient nos opacités, l'humble, la toute humble confiance en Dieu passe et repasse en nous comme un courant de vie.

Et peut naître cette prière : « Jésus le Christ, Lumière intérieure, ne laisse pas mes ténèbres me parler ! »[5] Ces paroles ont été écrites au IVe siècle par un chrétien d'Afrique du Nord, saint Augustin, alors que la mort avait frappé plusieurs des siens.

Quand nos ténèbres se mettent à nous parler, elles en viennent à provoquer un vertige.

Traverserions-nous des périodes desséchées ? Avec presque rien peut s'épanouir une fleur de désert, joie inespérée.

Joie du pardon

Ce qui est saisissant dans l'Évangile, c'est le pardon, celui que Dieu donne, et celui qu'il nous invite à nous donner les uns aux autres.

En Dieu, nulle volonté de punition.

Tout lui confier, jusqu'à l'inquiétude. Alors nous nous découvrons aimés par lui, réconfortés, guéris.

L'Évangile contient des paroles qui coupent le souffle : « Aimez vos ennemis, priez pour ceux qui vous font du mal. »[6]

Aimer et pardonner : là se trouve une des sources de la joie.

Quand nous pardonnons, notre vie se

met à changer. Les sévérités elles-mêmes font place à une infinie bonté.

Qui aspire à vivre du pardon cherche plus à écouter qu'à convaincre, plus à comprendre qu'à s'imposer.

Pour ma part, dans ma jeunesse, en cette période où il y avait tant de déchirures à travers le monde, je m'interrogeais : pourquoi ces jugements, ces oppositions entre les humains, entre les chrétiens eux-mêmes ?

Un jour que je peux dater, dans la lumière tamisée d'un soir de fin d'été, alors que les ombres descendaient sur la campagne, je me dis : commence par toi-même, engage-toi à ne pas porter de jugements sévères, cherche à comprendre plutôt qu'à être compris, et tu y trouveras une joie. J'avais à peu près dix-sept ans. Ce jour-là, j'eus l'espérance que cette résolution vaudrait pour toujours.

Une si belle espérance

L'Évangile porte en lui une si belle espérance que nous pouvons y trouver une joie de l'âme.

Cette espérance est comme une trouée de lumière qui s'ouvre en nos profondeurs. Elle suscite un élan jusque dans des situations apparemment sans issue.

S'il y a des moments où la joie s'estompe, l'espérance peut se renouveler quand nous nous confions tout humblement à Dieu.

Il est une force intérieure qui nous habite, la mystérieuse présence de l'Esprit Saint. Il murmure en nos cœurs : « Abandonne-toi à Dieu en toute simplicité, ton peu de foi y suffit. »

Qui est-il, cet Esprit Saint ? Il est celui dont Jésus le Christ a dit dans l'Évangile de saint Jean : « Je ne vous laisserai jamais seuls, je vous enverrai l'Esprit Saint, il sera un soutien et un consolateur, il restera avec vous pour toujours. » [7]

Pensons-nous être seuls ? L'Esprit Saint est là. Sa présence est invisible mais elle ne nous quitte pas. Il est le souffle de Dieu, toujours offert. Tel le vent, nous ne le voyons pas, mais nous pouvons percevoir son passage. Il vient délivrer du découragement. Il rend le goût de la vie à ceux qui le perdent.

Joie jusque dans l'épreuve

Comment demeurer dans une joie quand, près de nous, certains traversent l'incompréhensible épreuve ?

Un théologien orthodoxe, Olivier Clément, répond : « La joie du Christ ressuscité ne va pas nous rendre insensibles à la souffrance des autres. Au contraire, elle nous rendra encore plus sensibles, et nous pourrons en même temps porter au fond de nous cette grande joie et entrer profondément dans la détresse et dans la souffrance du prochain. Il n'y a pas de contradiction : la joie ne s'oppose pas à la compassion. Je dirais même qu'elle la nourrit. »[8] Jamais dans l'Évangile le Christ n'invite à la tristesse. Au contraire, il appelle même à une jubilation dans l'Esprit Saint. [9]

Un jeune Africain, venu à Taizé pour un an, a un jour exprimé comment il avait peu à peu découvert une joie, à la suite d'une lourde épreuve. Lorsqu'il avait sept ans, son père avait été tué. Et sa mère avait dû s'enfuir très loin. Il disait :

« L'amour de mes parents m'a manqué dès mon enfance. J'ai alors cherché une joie intérieure, espérant puiser une force dans cette souffrance. Cela m'a permis de sortir de la solitude. La joie modifie les relations quotidiennes. »

La joie et la bonté du cœur

Un jour, je demandais à un jeune ce qui, à ses yeux, était le plus essentiel pour soutenir sa vie. Il a répondu : « La joie et la bonté du cœur. »

L'inquiétude, la peur de souffrir, peuvent enlever la joie.

Quand monte en nous une joie puisée à l'Évangile, elle apporte un souffle de vie.

Cette joie, ce n'est pas nous qui la créons, elle est un don de l'Esprit Saint. Elle est sans cesse réanimée par le regard de confiance que Dieu porte sur nos vies.

Loin d'être naïve, la bonté du cœur suppose une vigilance. Elle peut conduire à prendre des risques. Elle ne laisse place à aucun mépris pour l'autre.

Elle rend attentifs aux plus démunis, à ceux qui souffrent, à la peine des enfants. Elle sait exprimer par le visage, par le ton de la parole, que tout être humain a besoin d'être aimé.

Lors d'une visite à Taizé, le philosophe Paul Ricœur disait : « La bonté est plus profonde que le mal le plus profond. Aussi radical que soit le mal, il n'est pas aussi profond que la bonté. »

Oui, Dieu nous donne de cheminer avec, au fond de l'âme, l'étincelle de bonté qui ne demande qu'à devenir flamme.

Ma mère demeure pour moi un témoin de la joie et de la bonté du cœur. Elle avait appris dès son enfance la bienveillance pour chacun : dans sa famille on se refusait à défigurer les autres par une parole qui ridiculise ou qui porte un jugement sévère.

Elle donnait à ses propres enfants une confiance totale. Au long de l'existence, même si des épreuves nous interrogent sur nous-mêmes, nous font découvrir nos

limites, ce don irremplaçable demeure :
« Tu peux avoir confiance en toi. » C'était
ce que voulait transmettre ma mère à
chacun de ses neuf enfants.

Elle rayonnait une grande paix et cela
provenait des épreuves qu'elle avait traversées. Si elle apprenait un événement difficile, elle attendait quelques instants que la
tranquillité revienne, puis elle reprenait un
autre sujet, tout simplement, comme si
rien ne s'était passé. Il n'y avait aucune
attitude exaltée en elle, mais elle avait une
joie des profondeurs. Elle semblait conser-
ver comme une plénitude de paix. Pourtant elle m'a dit quelquefois : « Vous
croyez que la paix intérieure demeure
toujours en moi, alors qu'il y a une lutte
profonde. »

Ta fête soit sans fin

L'invitation à une joie intérieure nous place en présence d'un choix fondamental : prendrons-nous la décision de vivre dans l'esprit de la louange ? Dans sa vie terrestre, le Christ a prié parfois avec des larmes et des supplications, mais aussi avec la joie du cœur.

Savons-nous combien des gestes simples peuvent renouveler une joie ? Un jour, pour mon anniversaire, depuis l'Amérique latine où il vivait surtout avec des pauvres, notre frère Robert, qui était médecin et qui est mort maintenant, m'envoyait un bref télégramme : « Ta fête soit sans fin ! »

Robert se référait à la pensée d'un

croyant du IVᵉ siècle, saint Athanase, que nous avions lue ensemble : « Le Christ ressuscité fait de la vie de l'être humain une fête continuelle. »

Oui, étonnement d'une joie : l'Évangile porte en lui une si claire espérance que nous aimerions aller jusqu'au don de nous-mêmes pour la transmettre.

Où est la source de l'espérance et de la joie ? Elle est en Dieu qui nous cherche inlassablement et qui trouve en nous la beauté profonde de l'âme humaine.

Dieu fait de nous des pauvres de l'Évangile. Il nous appelle à lui donner notre confiance en grande simplicité. Il nous garde proches de lui, des êtres tout clairs, transparents comme un ciel de printemps.

« Le Christ est lumière pour tout être humain dans le monde. » [10] Serons-nous porteurs d'une lumière d'Évangile ?

Jésus, notre paix, prenant sur toi nos fardeaux, tu nous donnes d'attendre que la joie de Dieu vienne toucher le fond de l'âme.

Heureux
les cœurs simples !

Simplicité du cœur et de la vie

Dans l'Évangile, une des premières paroles du Christ est celle-ci : « Heureux les cœurs simples ! » [11] Oui, heureux qui avance vers la simplicité, celle du cœur et celle de la vie.

Un cœur simple cherche à vivre le moment présent, à accueillir chaque jour comme un aujourd'hui de Dieu.

L'esprit de simplicité ne transparaît-il pas dans la joie sereine et même dans la gaieté ?

Simplifier sa vie permet de partager avec les plus démunis, en vue d'apaiser les peines, là où il y a la maladie, la pauvreté, la faim…

Avec nos frères, ceux qui sont à Taizé ou ceux qui, sur d'autres continents, vivent parmi les plus pauvres, nous avons la vive conscience d'être appelés à une vie simple. Nous avons découvert qu'elle n'empêchait pas d'exercer tous les jours une hospitalité.

Un élan de confiance

Un cœur simple n'a pas la prétention
de tout comprendre de la foi à lui tout
seul. Il se dit : « Ce que je saisis peu, d'autres le comprennent mieux et m'aident à
poursuivre le chemin. »

Nous sommes dans une période où
beaucoup se demandent : « Mais qu'est-ce
que la foi ? » La foi est une confiance toute
simple en Dieu, un élan de confiance
indispensable, sans cesse repris au cours de
notre vie.

En chacun, il peut y avoir des doutes.
Ils n'ont rien d'inquiétant. Nous voudrions
surtout écouter le Christ qui murmure en
nos profondeurs : « Tu as des hésitations ?

Ne t'inquiète pas, même si ta foi est peut-être fragile, l'Esprit Saint demeure toujours avec toi. »

Il en est qui ont fait cette découverte surprenante : l'amour de Dieu peut s'épanouir aussi dans une âme touchée par des doutes.

Notre prière personnelle est simple elle aussi. Pensons-nous que, pour prier, il y a besoin de beaucoup de paroles ? Non. Il arrive que quelques mots, parfois maladroits, suffisent pour tout remettre à Dieu, nos craintes comme nos espérances.

En nous abandonnant à l'Esprit Saint, nous allons trouver la voie qui va de l'inquiétude à la confiance. Et nous lui disons :
« Esprit Saint, donne-nous
de nous tourner vers toi à tout moment.
Si souvent, nous oublions
que tu nous habites,
que tu pries en nous,
que tu aimes en nous.

Ta présence en nous est confiance
et continuel pardon. »

La prière n'éloigne pas des préoccupa-
tions du monde. Au contraire, rien n'est
plus responsable que de prier : plus on vit
une humble prière, plus on est conduit à
aimer et à l'exprimer par sa vie.

À la source de la confiance

Où est la source d'une confiance ? Elle est en Dieu qui nous offre toujours et son pardon et sa présence.

Par son pardon, Dieu efface ce qui nous a blessés, parfois depuis l'enfance. Accueillir son pardon donne de ne pas être déchirés par la mémoire de certains événements, même lointains.

Y aurait-il en nous des abîmes d'inconnu, parfois des gouffres de culpabilité, venant d'on ne sait où ? Dieu ne menace personne et le pardon dont il inonde nos vies vient guérir notre âme. Comment un Dieu d'amour pourrait-il s'imposer par des menaces ? Dieu n'est pas un tyran.

Dieu nous offre aussi sa présence continuelle. Même si nous le croyons absent de
notre existence, il ne nous en aime pas
moins.

Alors nous disons à Dieu et nous
pouvons chanter : « Toi qui nous aimes,
ton pardon et ta présence en nous font
naître la clarté de la louange. »

Le regard des innocents

Dans un monde où nous sommes déconcertés par l'incompréhensible souffrance des innocents, qui ne voudrait chercher à rendre accessible, par sa propre vie, la consolation de l'Esprit Saint ?

Le regard des innocents nous interroge : comment partager une espérance avec qui a perdu jusqu'au désir de la découvrir ?

Il nous est arrivé, avec quelques-uns de mes frères, d'aller passer une période dans un lieu de grande pauvreté. Et des liens de profonde confiance se créent avec les démunis.

Nous gardons un vif souvenir de

Madras, en Inde. Pendant quelque temps, nous avons habité deux pièces dans un quartier qui ressemblait à beaucoup d'autres : des égouts à ciel ouvert, des moustiques, des baraques dont une partie des toits avait été emportée par un ouragan, la veille de notre arrivée.

Après la pluie, nous avons visité nos voisins. La plupart d'entre eux étaient hindous. Ils habitaient dans ce qu'on n'ose même pas appeler des huttes. C'étaient des toits de paille qui tombaient très bas, pour créer une protection contre la pluie et le soleil. Il fallait se courber pour entrer.

Passant de hutte en hutte, nous avons découvert une veuve dont la demeure avait été démolie, la cloison qui la séparait de ses voisins était tombée, les familles se voyaient d'un lieu à l'autre.

Dans l'une de ces huttes, abrité par la portion de toit qui restait, était étendu un jeune père de huit enfants. Il était couché sur une natte, la famille ne possédait pas de couverture. Il avait de l'asthme, peut-être la tuberculose. La dignité de cette famille était impressionnante.

Nous sommes restés plusieurs semaines. Fin décembre, nous partions chaque jour rejoindre les milliers de jeunes qui s'étaient réunis pour la rencontre que mes frères préparaient depuis deux ans.

Nous montions avec une dizaine d'enfants du quartier dans un petit « rickshaw », voiture ouverte à trois roues. Et nous parvenions à une vaste « église » qui avait été construite en quelques jours, faite de bambou et de feuilles de cocotier entrelacées. Une décoration avait été aménagée, avec des lampes à huile et des guirlandes de fleurs. Dans cette « église » provisoire nous avions chaque jour la prière commune. Les chants, en particulier les refrains millénaires de la tradition indienne, soutenus par la beauté des voix humaines, exprimaient l'attente contemplative de Dieu.

Les jeunes étaient venus de toutes les régions de l'Inde, d'une vingtaine de pays d'Asie et de beaucoup de pays d'Europe. Une rencontre accueillie par les pauvres, et vécue dans une grande simplicité : il y avait de quoi combler nos cœurs.

Après la rencontre, quitter nos voisins du quartier était difficile. Certains d'entre eux étaient devenus comme notre famille. Les regards étaient poignants. Ils avaient du mal à nous voir partir. Leur confiance, c'était du feu.

Le signe du pardon

Une autre année, avec deux de mes frères, nous nous sommes rendus en Afrique du Sud, à l'époque où les tensions raciales étaient vives et où régnait ce qu'on appelait l'apartheid.

Après quelques jours à Johannesbourg, nous avons été invités au Cap. À Crossroad, quartier noir où nous ne pensions rencontrer que quelques amis, une foule s'était réunie pour une prière. Ils chantaient et les voix humaines traduisaient un appel des profondeurs. Des responsables d'Église africains me demandèrent de parler.

Je fis allusion à un homme de Dieu

venu d'Afrique du Sud que mes parents avaient rencontré quand j'avais environ cinq ans. Ma mère lui avait demandé de bénir chacun de ses enfants, mon frère aîné, mes sept sœurs, puis moi, le plus jeune. Depuis ce jour, j'ai souvent entendu ma mère dire : « En Europe, la foi s'en va, mais des Africains viendront nous rendre l'Évangile dans sa fraîcheur première. » J'assurai ceux qui m'écoutaient que cette bénédiction d'autrefois trouvait un accomplissement.

Puis je tentai d'exprimer par un geste ce qui emplissait le cœur en disant : « Je voudrais vous demander pardon, non pas au nom des Blancs, je ne le pourrais pas, mais parce que vous souffrez pour l'Évangile ; serait-il possible que je passe de l'un à l'autre pour que chacun fasse dans ma main le signe de la croix, le signe du pardon du Christ ? »

Ce geste fut si bien compris que tous l'accomplirent, les enfants comme les aînés. Spontanément éclatèrent des chants de résurrection. Mais voilà qu'arrivèrent de grosses motocyclettes montées par des hommes qui avaient la charge de surveiller le quartier, et nous avons tous dû partir.

Pauvre de l'Évangile

Heureux les cœurs simples ! Oui, joie à ceux qui aspirent à avancer vers la simplicité du cœur et de la vie !

Mais simplifier ne signifie jamais opter pour une sévérité emplie de suffisance et de jugements sur ceux qui n'entrent pas dans la même voie. L'esprit de simplicité transparaît dans l'ouverture et la bonté du cœur. Le cœur simple est doux, il reste toujours un pauvre de l'Évangile. La simplicité n'est rien sans la charité.

Ceux qui cherchent à vivre dans la simplicité sont attentifs à ne pas être des « maîtres de l'inquiétude » mais à demeurer des « serviteurs de la confiance ». Et la famille humaine a tellement besoin aujourd'hui d'entrer dans un temps de confiance et de compréhension.

Dieu de consolation, nous sommes parfois déconcertés par l'incompréhensible souffrance des innocents. Inspire tous ceux qui cherchent des solutions pour que rayonne une espérance dans la famille humaine.

Simplicité
d'un cœur d'enfant

Les enfants et ceux qui leur ressemblent

Dans un monde où coexistent la lumière et les ténèbres, il est des hommes, des femmes, des jeunes, et aussi des enfants, qui sont porteurs de lumière. Ils rayonnent autour d'eux, même s'ils n'en savent rien.

Qui dira assez ce que certains enfants peuvent transmettre par leur simplicité, leur confiance, une parole inattendue ?

Un petit garçon de neuf ans m'a confié : « Mon père nous a quittés. Je ne le vois jamais, mais je l'aime toujours, et le soir je prie pour lui. » Ce garçon vivait le pardon de l'Évangile. N'était-il pas un pur reflet de la bonté de Dieu ?

Un jour, le Christ a dit : « Laissez venir à moi les enfants, les réalités de Dieu sont à ceux qui leur ressemblent. » [12] Voulait-il nous rendre attentifs à accueillir l'Évangile dans cette part de nous-mêmes où demeure l'esprit de notre enfance ?

Parfois l'âge adulte pense acquérir une autorité en jugeant les événements avec gravité, et même avec pessimisme. Une vigilance s'impose pour ne pas se laisser paralyser par qui dramatise les situations et peut entretenir une peur. La morosité est plus contagieuse que la joie et la paix du cœur.

Que signifie, pour un être pleinement adulte, allier l'esprit d'enfance et la maturité donnée par de longues années d'expériences ?

L'enfance n'a pas le monopole de la confiance, mais Dieu se fait accessible aux cœurs tout humbles qui s'abandonnent à lui.

La confiance des profondeurs n'a rien

de naïf, elle va de pair avec le discerne-ment. L'esprit d'enfance est un regard limpide. Loin d'être simpliste, il est aussi lucide. Les éléments positifs d'une situa-tion, comme les revers, ne lui sont pas étrangers.

L'esprit d'enfance est étonnement. Puisé à l'Évangile, il est parfois comme le secret d'une joie toute intime.

En présence de jeunes, il m'arrive de penser : « Tu n'étais pas fait pour parler en public. Rien ne t'y a préparé, cela est venu trop tard dans ta vie. » Alors je me dis : « Parle avec la simplicité d'un cœur d'enfant. Aujourd'hui, es-tu si différent de celui que tu étais quand ta sœur aînée t'apprenait à lire et à écrire ? »

Quand j'étais enfant, nous habitions un village de montagne, pauvre au possible, avec mes parents, mon frère et mes sept sœurs. J'étais le dernier. À l'âge de six ou sept ans, j'ai été saisi par la pauvreté de certains habitants. Il y avait en particulier une vieille femme que nous avions aidée à déménager, avec l'une de mes sœurs. Nous avions alors découvert que, à part son lit, tout ce qu'elle possédait tenait dans une poussette de bébé que nous avions traînée d'une maison à l'autre, sur la rue en pente.

Pendant le temps de l'Avent, je me suis mis à acheter, dans le tout petit magasin du village, de menus cadeaux. Je les ramenais à la maison, je les emballais et je les mettais sous mon lit, en attendant de les distribuer à Noël aux familles les plus pauvres.

Quand s'éveille dans le cœur d'un enfant la joie de donner, elle demeure pour la vie. Aujourd'hui encore, sous mon lit, il y a trois tiroirs emplis de petits cadeaux que j'aime donner à ceux qui viennent me voir, aux enfants en particulier.

Innocence blessée

Un dimanche de l'automne 1983, Mère Teresa est venue à Taizé. Avec elle, au cours de la prière, nous avons exprimé une préoccupation : « À Calcutta, il y a des mouroirs visibles mais, en de nombreux pays du monde, beaucoup de jeunes se trouvent comme dans des mouroirs invisibles. Un doute subtil est provoqué en eux par des brisures qui les atteignent jusqu'en leurs profondeurs. »

Oui, en Occident, certains jeunes sont marqués par des ruptures d'affection ou des tensions familiales. Quand, enfants, ils ont vu leurs proches s'affronter ou même se séparer, leur cœur connaît souvent une

déchirure. Ils peuvent éprouver un senti-
ment d'abandon, et en eux naît un appel
intérieur à ne pas être délaissés.

Comment guérir le cœur blessé d'un
enfant ? Comprendre un très jeune
suppose discernement et délicatesse.
Parfois la question monte : que s'est-il
passé en lui ? Aurait-il été humilié à
l'école, dans la rue, dans sa famille
peut-être ? Y aura-t-il quelqu'un pour
l'écouter et l'accompagner avec une infinie
discrétion ?

Visitant ceux de mes frères qui, depuis
trente ans, partagent la vie des pauvres au
Bangladesh, j'ai vu, dans une étroite
ruelle, un enfant accroupi au sol, prenant
un bébé sur un bras et cherchant de l'autre
bras à en soulever un second. Quand il les
a tenus les deux à la fois, il s'est effondré.
Alors me revinrent ces paroles, entendues
le dernier jour du concile Vatican II :
« L'être humain est sacré par l'innocence
blessée de son enfance. » [13]

« Ce que vous faites au plus petit de mes frères… »

Parlant de Mère Teresa, je voudrais dire que, au long des années, il m'a été donné à bien des reprises d'échanger avec elle. Il était possible, souvent, de discerner en elle des reflets de la sainteté du Christ.

En été 1976, elle avait fait une première visite à Taizé, alors que notre colline était emplie de jeunes de nombreux pays. Nous avons écrit ensemble une prière : « Ô Dieu, Père de chaque humain, tu demandes à tous de porter l'amour là où les pauvres sont humiliés, la réconciliation là où les humains sont déchirés, la joie là où l'Église est ébranlée… Tu nous ouvres ce chemin pour que nous soyons ferments de communion dans toute la famille humaine. »

La même année, avec quelques-uns de mes frères, nous allions vivre pour un temps parmi les plus pauvres à Calcutta. Nous logions près de sa maison, dans un quartier déshérité, bruyant. On voyait des enfants partout. Nous étions accueillis par une famille chrétienne dont la demeure s'ouvrait sur un petit carrefour de quelques ruelles, avec des échoppes et de modestes ateliers.

Mère Teresa venait souvent prier avec nous. Elle nous fit apporter un tabernacle de bois, elle voulait que la réserve eucharistique se trouve dans notre petite fraternité. Elle savait que là est une source essentielle pour soutenir le don de toute une vie.

Cette femme de Dieu avait des énergies d'une rare intensité et elle prenait des initiatives spontanées. Un jour, au retour d'une visite que nous avions faite ensemble aux lépreux, elle me dit dans la voiture : « J'ai une demande à vous faire. Dites-moi oui ! » Avant de répondre, j'ai essayé d'en savoir plus, mais elle répétait : « Dites-moi oui ! » Enfin elle s'expliqua : « Dites-moi que désormais vous porterez toute la journée votre vêtement blanc, car ce signe est nécessaire dans les situations de notre époque. » J'ai répondu : « Oui, j'en parlerai à mes frères et je le porterai aussi souvent que possible. » Alors elle fit faire par ses sœurs un vêtement blanc pour moi et elle tint à en coudre elle-même une partie.

Mère Teresa nous suggéra d'aller tous les matins au mouroir des enfants, avec l'un de mes frères, médecin, prendre soin des plus malades. Dès le premier jour, je découvris une petite fille de quatre mois. On me dit qu'elle risquait de ne pas vivre, qu'elle manquerait de force pour résister aux virus de l'hiver. Et Mère Teresa proposa : « Prenez-la à Taizé, vous aurez la possibilité de la soigner. »

Dans l'avion du retour en France, l'enfant n'allait pas bien. Elle vomissait presque tout ce que nous lui donnions à manger. Les premières semaines, elle dormait souvent sur un de mes bras pendant que je travaillais.

Peu à peu, ses forces revinrent et elle entra sur le chemin de la guérison. Alors elle alla vivre dans le village, dans une maison toute proche de la nôtre. Ma sœur Geneviève, qui, des années auparavant, avait recueilli à Taizé des enfants et les avait élevés comme s'ils étaient les siens, l'accueillit chez elle. Cette enfant, nommée Marie, grandit près de Geneviève qu'elle appelait « grand-maman ». Depuis son baptême, je suis son parrain et j'ai pour elle l'amour d'un père.

L'enfant montra très vite une nature exubérante. Quand le matin j'allais lui rendre visite, elle sautait de bonheur et gambadait. Un soir, alors qu'elle avait quatre ans, elle a assisté au repas que je prenais en tête à tête avec un homme plutôt prestigieux. Et pendant que nous parlions, elle était sous la table à lui délacer ses chaussures.

À cette époque, tous les matins nous allions ensemble prier un court instant à l'église. Déjà elle pénétrait quelque chose du mystère de Dieu. Ce qu'une personne humaine a découvert comme enfant ne demeure-t-il pas tout au long de la vie ?

À l'âge de six ans, Marie traversa une épreuve, la maladie inattendue d'une toute proche. Avec mes frères, nous partions pour Rome où nous allions rester deux ou trois semaines. Marie me fit comprendre qu'elle souhaitait venir avec nous. À Rome, nous avons rencontré le pape Jean-Paul II à plusieurs reprises. À la fin du séjour, Marie me dit : « Le pape m'a embrassée six fois ! »

Pendant ces journées à Rome, Marie ne pouvait pas me quitter. Elle avait besoin que je la prenne par la main et que nous soyons toujours ensemble. Un soir tard, je devais partir pour une rencontre. Elle s'en rendit compte, elle se réveilla, elle tint à se relever et à m'accompagner.

Avec Mère Teresa, en 1984, nous étions invités pour l'ouverture des premières Journées mondiales de la jeunesse à Rome. Nous devions parler à tour de rôle au Colisée. La petite Marie, qui avait huit ans, était là aussi. Le vent de premier printemps soufflait si fort que je devais la tenir bien enveloppée dans sa cape pour qu'elle ne soit pas transpercée de froid. Avec son esprit vif et attentif, elle essayait de nous écouter.

Plus tard, avec Mère Teresa, nous étions à nouveau invités à animer ensemble une prière aux Journées mondiales de la jeunesse, cette fois aux États-Unis, à Denver. Mais elle était déjà malade. À mon arrivée, on m'annonça qu'elle avait dû annuler son voyage. Elle m'envoya une lettre pour me dire : « Écrivons ensemble un quatrième livre ! »

J'appris la mort de Mère Teresa dans des circonstances inattendues. Marie était partie avec ma sœur pour de courtes vacances à la montagne. Par téléphone, Marie m'appelait avec insistance, me demandant de les rejoindre, ne serait-ce que brièvement. C'est là que nous avons entendu la nouvelle. J'ai alors compris pourquoi je m'étais rendu dans ce lieu. Il n'était pas sans importance que nous soyons ensemble ce soir-là.

La semaine suivante, avec deux de mes frères nous sommes allés à Calcutta pour participer aux obsèques de Mère Teresa. Nous souhaitions remercier Dieu pour sa vie donnée, et chanter avec ses sœurs dans l'esprit de la louange.

Près de son corps, je me souvenais que nous avions en commun cette certitude : une communion en Dieu nous stimule à alléger les souffrances humaines. Oui, quand nous apaisons les épreuves des autres, c'est le Christ que nous rencon-

trons. Ne nous le dit-il pas lui-même :
« Ce que vous faites au plus petit de mes
frères, c'est à moi, le Christ, que vous le
faites. » [14]

Éveiller au mystère de la confiance

Qui saura éveiller tel enfant, tel jeune, au mystère de la confiance en Dieu ? Une intuition, pressentie dans le jeune âge, même oubliée par la suite, peut réapparaître au long de la vie.

Quand cet éveil à la foi s'accomplit à la maison, l'enfant reçoit un don irremplaçable. Aujourd'hui, dans des sociétés sécularisées, il est bon que, au cœur de la demeure, quelques symboles laissent entrevoir l'invisible présence. Il est possible d'aménager un angle, si petit soit-il, pour la prière, avec une icône éclairée par un luminaire… Heureux le très jeune qui a été rendu attentif à une communion en Dieu par ses proches !

Pour communiquer à un enfant une telle confiance, il n'est pas besoin de beaucoup de paroles. Si le soir nous pouvions mettre notre main sur son front et lui dire : « Dieu est amour » [15] ; ou encore : « La paix du Christ »…

Tant de personnes âgées croient n'avoir rien accompli et doivent terminer leur existence dans l'isolement. Pourtant certaines, emplies de désintéressement, sont indispensables aux nouvelles générations. Elles écoutent, et par là elles déchargent d'un poids d'inquiétudes. Des mères et des pères spirituels selon l'Évangile, il en est donnés plus qu'on ne le croit.

Lorsque je suis arrivé à Taizé, en 1940, l'accueil de quelques vieilles femmes du village me toucha. L'une d'elles s'appelait Marie Aubœuf. Mère de plusieurs enfants, elle était d'une foi profonde. Elle me raconta que, de longues années avant mon arrivée, alors que ses enfants étaient encore petits, elle avait beaucoup souffert d'une paralysie progressive de la hanche. Il n'y avait pas d'électricité dans sa maison, mais une nuit toute la pièce où elle dormait s'emplit de lumière. Quand elle se leva, sa paralysie l'immobilisait moins.

Quand j'ai connu Marie Aubœuf, c'était la guerre mondiale, j'étais encore seul. Où puisait-elle l'intuition qui lui permettait de comprendre le désir qui m'habitait et la vocation que je me préparais à vivre ? Cette femme âgée a été une image de sérénité inattendue.

Jésus notre espérance, fais de nous des humbles de l'Évangile. Nous voudrions tellement comprendre qu'en nous le meilleur se construit à travers une confiance toute simple… et même un enfant peut y parvenir.

Une vie de communion
en Dieu

Le désir de Dieu

Si loin que l'on remonte dans l'histoire, des multitudes de croyants ont su que, dans la prière, Dieu apportait une lumière au-dedans.

Déjà avant le Christ, un croyant exprimait son attente : « Mon âme t'a désiré pendant la nuit, Seigneur ; au plus profond de moi, mon esprit te cherche. » [16]

Trois siècles après le Christ, saint Augustin écrivait : « Un désir qui appelle Dieu est déjà une prière. Si tu veux prier sans cesse, ne cesse jamais de désirer… » [17]

Le désir d'une communion avec Dieu est déposé dans le cœur humain depuis des temps infinis. Le mystère de cette communion atteint le plus intime, le tréfonds même de l'être.

Aussi pouvons-nous dire au Christ : « À qui d'autre irions-nous qu'à toi ? Tu as les paroles qui rendent notre âme à la vie. » [18]

Sa présence demeure invisible

« Dieu est Esprit » [19] et sa présence demeure invisible. Il vit en nous toujours : dans les moments d'obscurité comme en ceux de pleine clarté.

Habitant au centre de l'âme de chacun, il ne nous tient pas forcément un langage traduisible en paroles humaines. Il nous parle avant tout par des intuitions silencieuses.

Nous tenir en sa présence dans un silence paisible, c'est déjà prier. Et parfois un simple soupir peut être prière.

Ce silence n'a l'air de rien. Pourtant l'Esprit Saint peut nous donner d'y accueillir la joie de Dieu.

Aurions-nous l'impression d'un éloignement entre Dieu et nous, comme si le regard intérieur s'éteignait fugitivement ? Rappelons-nous que Dieu ne retire jamais sa présence. Nous pouvons tout lui remettre, tout déposer en lui.

Quand nous prions et que rien ne semble se passer, resterions-nous sans exaucement ? Non. Dans une paisible confiance en Dieu, toute prière trouve des accomplissements. Peut-être sont-ils différents de ce que nous supposions… Dieu n'exauce-t-il pas en vue d'un plus grand amour ?

Quand la sensibilité n'éprouve presque rien de sa présence, à quoi bon se tourmenter ?

Avoir le simple désir d'accueillir son amour et, peu à peu, en nous s'allume une flamme. Animée par l'Esprit Saint, cette flamme d'amour peut être toute fragile. Pourtant elle brûle.

Et l'Esprit Saint nous remue, nous

travaille. Il réoriente les profondeurs de nous-mêmes.

L'Esprit Saint ne se sépare jamais de notre âme : même à la mort, la communion avec Dieu demeure. Savoir que Dieu nous accueille pour toujours en son amour devient source de confiance.

Dans ma chambre se trouve une photo de mon arrière-grand-mère. Elle avait perdu son mari et ses trois fils, malades de la tuberculose. Son petit-fils, mon oncle, n'était pas croyant. Au moment où il se rendit compte qu'elle se mourait, il lui dit : « Vous qui avez connu tant d'épreuves, pouvez-vous me dire quelque chose, à moi qui n'ai pas la foi ? » Il avait alors vingt ans. Elle ne répondit pas. Une semaine plus tard, il retourna la visiter. Elle lui dit : « C'est beau ce que je vois. » Et elle mourut.

Prier avec presque rien

Un jour, voici bien longtemps, je suis allé quelques instants dans notre atelier de poterie. Les frères qui y travaillaient avaient l'habitude d'écrire une parole sur un tableau noir. Ce jour-là y figuraient ces mots : « Ton amour, ô Christ, a blessé mon âme, j'avance en te chantant. »

Étaient-ils les auteurs d'une pensée aussi dense ? Non, dirent-ils, elle a été écrite au VIIe siècle par Jean Climaque dans sa vieillesse. Il était entré à quinze ans au monastère du Sinaï. Il avait compris que l'amour de Dieu se vivait dans l'être global, corps, âme et esprit.

Parfois, il est vrai que nous prions avec

presque rien. Il y a en nous comme un dépouillement. Heureux qui peut alors dire au Christ :

« Jésus le Christ, je ne te cache rien de mon cœur, tu sais que j'ai peine à exprimer mon désir d'une communion avec toi. Tu as connu toi-même la condition humaine. Tu n'ignores pas que je suis parfois tiré de plusieurs côtés à la fois. Mais quand mon être intérieur connaît un vide, en moi demeure une soif de ta présence. Et quand je ne parviens pas à prier, toi, tu es ma prière. »

Le Christ lui-même s'est abandonné en Dieu. À l'heure de mourir sur la croix, il a prié : « Entre tes mains je remets mon esprit » [20], c'est-à-dire : « En toi je remets toute ma vie. »

Dans la période où, adolescent, je guérissais peu à peu de la tuberculose, je faisais de longues marches. Par moments, comme l'éclair, un pressentiment me traversait : un jour, j'aurais à prendre de grands risques à cause du Christ et de l'Évangile, j'aurais à entrer sur une voie que j'étais encore loin de connaître.

J'ai alors compris que, pour avancer dans la confiance, il était essentiel de s'attacher à quelques réalités d'Évangile toutes simples auxquelles revenir à tout moment.

Au long de ces marches prolongées, je me répétais ces mots : « Aimer la solitude et détester l'isolement. » Puis quelques autres paroles s'imposèrent : « Abandonne-toi en lui »… « En tout le silence intérieur, la paix du cœur »… « Vivre la joie, la simplicité, la miséricorde »…

Aujourd'hui comme autrefois je dirais : qui cherche à s'abandonner à l'Esprit Saint se laisse construire intérieurement par quelques intuitions d'Évangile, parfois découvertes au début de la vie. Elles peuvent devenir comme un roc sur lequel s'appuyer.

Non pas un grand nombre de paroles,

mais quelques-unes, succinctes et limpides. Sont-elles oubliées momentanément ?
Elles peuvent être reprises à l'instant où
elles réapparaissent.

Beauté simple de la prière commune

Dans la vocation de notre communauté, il y a toujours eu deux aspirations : cheminer dans une vie intérieure à travers la prière, et prendre des responsabilités pour rendre la terre plus habitable. L'une ne va pas sans l'autre.

L'Évangile appellerait-il à allier, dans sa propre vie, les dons d'un créateur qui concrétise, et la soif d'une âme mystique ?

Qui suit le Christ se tient à la fois auprès de Dieu et auprès des autres. La prière est une force sereine qui travaille l'être humain et ne le laisse pas s'assoupir. En elle se puisent d'indispensables énergies de compassion.

Si pour certains la prière dans la solitude est ardue, la beauté d'une prière chantée en commun, même à deux ou trois, est un incomparable soutien de la vie intérieure. À travers des paroles simples, des chants longuement repris, elle peut rayonner une joie. Une prière chantée ensemble donne de laisser monter en soi le désir de Dieu et d'entrer dans une attente contemplative.

Oui, que se réjouisse notre cœur ! La beauté simple de la prière commune est un des lieux où se renouvelle l'esprit de la louange. La prière chantée n'est-elle pas comme un des premiers dons de notre résurrection ?

Et voici l'étonnement : dans une période où, en de vastes régions du monde, se poursuit un affaissement de la foi, l'Esprit Saint se transmet surtout par la prière commune.

Dès les premières années de notre communauté, avec mes frères nous nous sommes mis à chanter. Nous savions déchiffrer à quelques-uns, à plusieurs voix, des chorals d'une rare beauté… J'ai compris alors que le chant était un appui irremplaçable pour la prière commune.

Pourquoi le chant et la musique ont-ils toujours été si importants à Taizé ? Je crois que cela remonte à mon enfance. Ma mère avait fait des études de chant très poussées au Conservatoire de Paris. Sous la direction du compositeur Vincent d'Indy, elle avait chanté comme soliste lors de concerts. Par la suite, tout en devant faire face aux nécessités quotidiennes de ses enfants, elle continuait à travailler le chant tous les jours. Elle avait l'intime désir que son âme s'y épanouisse. Elle y puisait une grande sérénité. Enfant, je l'écoutais souvent chanter le soir quand j'étais dans ma chambre, en laissant la porte entrouverte.

Une tante de ma mère, Caroline Dela-chaux, était allée étudier le piano pendant quatre ans en Allemagne, à Weimar. Elle avait passé l'examen de virtuosité avec son professeur, Hans von Bülow, en présence de Franz Liszt. Très joyeuse, elle enseignait la musique à mes sœurs. Il y avait trois pianos dans la maison et plusieurs de mes sœurs en jouaient.

Geneviève, la plus jeune, était des plus douées. Alors qu'elle préparait à son tour l'examen de virtuosité à Lausanne, on nous amena à Taizé des enfants que la guerre avait privés de parents. Je demandai à Geneviève de venir les prendre en charge pour une période limitée.

Au début, les enfants étaient trois, mais ils ne tardèrent pas à être une vingtaine. Geneviève décida de leur consacrer sa vie. Bien qu'elle fût artiste de tout son être, elle renonça à une carrière musicale et elle fit venir son piano à Taizé.

Parvenue à un âge avancé, Geneviève fit une chute. Ses mains en souffrirent et pendant un certain temps elle ne put plus jouer. Pour l'encourager à recommencer, nous avons acheté un clavier, nous l'avons placé à côté du vieux piano, et quelqu'un s'est mis à jouer avec elle. Elle a repris peu à peu le piano et aujourd'hui elle en joue encore autant que possible.

Rien n'est plus responsable que de prier

Tout au long de l'année 1981, la situation de la Pologne fut difficile. En mai, le cardinal Wyszynski était gravement malade à Varsovie. En mai aussi, le pape polonais Jean-Paul II était victime d'un attentat qui le conduisit près des portes de la mort et qui le contraignit à deux longues hospitalisations. En décembre, l'état de guerre allait être décrété dans le pays.

Cette année-là, invité pour la quatrième fois à parler au pèlerinage annuel des ouvriers des mines de Silésie, j'arrivai un soir de mai avec l'un de mes frères à l'aéroport de Varsovie. Des jeunes nous attendaient, de loin nous les entendions chanter des chants de Taizé.

Pourquoi cette sympathie profonde pour les jeunes Polonais ? Peut-être parce que nous avons découvert que dans l'âme polonaise il y a peu de prétention mais une humble confiance en Dieu. Elle a donné aux chrétiens polonais la capacité de tenir, de durer, de persévérer à travers les épreuves.

À l'aéroport, les jeunes nous apprirent que le cardinal venait de mourir. On nous emmena tout de suite au lieu où son corps était exposé. Voir défiler auprès de lui cette foule immense, figée de peine, faisait mesurer ce que représentait cet homme de Dieu. Avec courage, il n'avait jamais cédé, il était le symbole de la résistance polonaise.

À Cracovie, nous retrouvions les lieux où, quelques années auparavant, à deux reprises, le futur Jean-Paul II nous avait si bien reçus. Là comme partout ailleurs, nous entendions la même réflexion : si le pape venait à mourir à la suite de l'attentat, ce serait la fin de l'espérance en Pologne.

À Katowice nous attendait une petite fraternité de quelques-uns de nos frères. Ils préparaient depuis longtemps une rencontre de jeunes. Ils vivaient simplement et n'avaient pas très bonne mine, il y avait peu à manger alors dans le pays.

Ce qui nous frappa dans la rencontre des jeunes, par rapport aux années précédentes, c'était la poussée en avant. Tout fut d'une force extrême. Le samedi soir, dans une église comble, nous avons célébré une prière qui se poursuivit longuement dans la nuit. Avec les jeunes, nous nous sommes interrogés : comment faire pour que l'engagement humain ne conduise pas à oublier les sources de la foi et de la prière ?

Le dimanche avait lieu le pèlerinage des ouvriers mineurs à Piekary. Ils n'avaient jamais été si nombreux : on me dit qu'ils étaient deux cents mille. Du haut de la colline, on voyait un océan humain. Comme naguère le futur pape quand il présidait ce pèlerinage, l'évêque ne craignit pas de parler fort. Il était d'un courage invraisemblable et d'une ouverture rare. Des tonnerres d'applaudissements soulignèrent ses paroles sur la liberté.

Un tel pèlerinage d'hommes est unique au monde et l'amitié qu'on nous y portait était d'une grande beauté. On m'avait demandé d'exprimer une méditation. Je parlai de la prière qui se poursuit au cœur des activités humaines. Rien n'est plus responsable que de prier : il est possible d'avoir une constante référence intérieure à Dieu tout en assumant un engagement courageux pour la liberté.

Pour conclure je leur dis : « Demain matin, j'irai à Rome. J'apporterai au pape, dans sa chambre d'hôpital, un bouquet de fleurs des champs de Pologne. Je lui dirai que tous ensemble nous cherchons à être des porteurs de réconciliation, non seulement entre les chrétiens mais aussi dans les déchirures de la famille humaine. »

Après le pèlerinage, il fallait partir immédiatement pour Varsovie, pour les obsèques du cardinal Wyszynski, non sans avoir vu quelques instants les jeunes d'autres pays d'Europe de l'Est, venus discrètement participer à notre rencontre.

Le lendemain matin, nous prenions l'avion pour l'Italie, avec les fleurs cueillies à l'aube, un humble bouquet de renoncules. À Rome, nous apprîmes que le pape allait moins bien. Sera-t-il possible de lui rendre visite ? À la clinique, son secrétaire, le père Stanislas, nous accueillit. Il me dit que j'allais voir le pape mais qu'il n'était pas possible au frère qui m'accompagnait d'entrer lui aussi.

Dès que je pénétrai dans la chambre, Jean-Paul II tendit les bras et m'embrassa. Dans son lit, il était pâle et ému. Si j'avais su qu'il était si affaibli, je n'aurais pas osé téléphoner de Pologne pour demander à venir. Les renoncules étaient sur ses genoux. Je lui dis quelques mots de son pays. Il écouta avec attention. Puis il prononça des paroles venant d'un homme qui avait beaucoup réfléchi à la mort. Il conclut : « Continuez, poursuivez ! »

En le quittant, je me disais que le ministère d'un pape pouvait parfois s'approcher d'un martyre invisible à cause du Christ et de l'Évangile.

Quand nos lèvres sont closes

Immuable en son fond, la prière revêt des expressions diversifiées. Certains prient dans un grand silence. Se tenir en silence en présence de Dieu, avec le désir d'accueillir son Esprit Saint, c'est déjà le chercher.

Il en est qui s'expriment avec beaucoup de mots. Sainte Thérèse d'Avila écrivait : « Quand je parle au Seigneur, souvent je ne sais pas ce que je dis. »

D'autres prient avec quelques paroles seulement. Dites lentement ou chantées, cinq fois, dix fois, du fond du cœur, ces paroles peuvent soutenir une vie de communion en Dieu. Ainsi ces brèves prières : « Dieu ne peut que donner son amour, notre Dieu est tendresse », « Mon âme se repose en paix sur Dieu seul ».

En priant, nous cherchons à exprimer ce qu'il y a de plus personnel en nous. Parfois montent du fond de notre personne une inspiration, une intuition. Mais ne nous préoccupons pas si aucun mot ne vient. Il peut y avoir en nous des résistances, des opacités, des moments où, dans la prière, nos lèvres demeurent fermées.

Alors saint Augustin le rappelle : « Il y a aussi une voix du cœur et une langue du cœur... C'est cette voix intérieure qui est notre prière quand nos lèvres sont closes et notre âme ouverte devant Dieu. Nous nous taisons et notre cœur parle ; non point aux oreilles des humains, mais à Dieu. Sois-en sûr : Dieu saura t'entendre. »[21]

Esprit Saint, tu viens à nous toujours et, en nous, c'est l'étonnement d'une présence. Notre prière peut être toute pauvre, mais tu pries jusque dans le silence de nos cœurs.

Mystère de communion

« Communion », un des plus beaux noms de l'Église

Si nous pouvions nous rappeler toujours que le Christ est communion…

Il n'est pas venu sur la terre pour créer une religion de plus, mais pour offrir à tous une communion en Dieu. Ses disciples sont appelés à être d'humbles ferments de confiance et de paix dans l'humanité.

Quand la communion entre chrétiens est une vie, non pas une théorie, elle porte un rayonnement d'espérance. Plus encore : elle peut soutenir l'indispensable recherche d'une paix mondiale.

Alors, comment les chrétiens pourraient-ils encore demeurer séparés ?

Une réconciliation des chrétiens est urgente aujourd'hui, elle ne peut pas être sans cesse remise à plus tard, jusqu'à la fin des temps.

Au long des années, la vocation œcuménique a provoqué d'incomparables échanges. Ils sont les prémices d'une réconciliation. Mais quand la vocation œcuménique ne se concrétise pas dans une communion, elle ne conduit nulle part.

À Damas réside le patriarche grec-orthodoxe d'Antioche, Ignace IV. Il écrivait ces paroles saisissantes : « Nos divisions rendent le Christ méconnaissable. D'urgence nous avons besoin d'initiatives prophétiques pour faire sortir l'œcuménisme des méandres dans lesquels je crains qu'il ne soit en train de s'embourber. Nous avons un urgent besoin de prophètes et de saints afin d'aider nos Églises à se convertir par le pardon réciproque. » Et le patriarche appelait à « privilégier le langage de la communion plutôt que celui de la juridiction ». [22]

Le pape Jean-Paul II, recevant à Rome des responsables de l'Église orthodoxe de Grèce, parlait de « l'œcuménisme de la sainteté qui nous conduira enfin vers la pleine communion, qui n'est ni une absorption, ni une fusion, mais une rencontre dans la vérité et dans l'amour ». [23]

Dans la longue histoire des chrétiens, des multitudes se sont un jour découvertes séparées, parfois sans même en connaître le pourquoi. Aujourd'hui il est essentiel de tout accomplir pour que le plus grand nombre possible de chrétiens, souvent innocents des séparations, se découvrent en communion.

L'Église pourrait-elle donner des signes d'une large ouverture, si large qu'on puisse le constater : ceux qui étaient divisés dans le passé ne sont plus séparés, ils vivent déjà en communion ?

Un pas sera franchi dans la mesure où

l'on constatera une vie de communion, déjà réalisée en certains endroits à travers le monde. Il faudra du courage pour le constater et s'y adapter. Les textes viendront ensuite. Privilégier les textes ne finit-il pas par éloigner de l'appel d'Évangile : « Sans retard, réconcilie-toi » ? [24]

Ils sont innombrables ceux qui ont un désir de réconciliation touchant le fond de l'âme. Ils aspirent à cette joie infinie : un même amour, un seul cœur, une seule et même communion.

Oui, la communion est la pierre de touche. Elle naît d'abord au cœur du cœur de tout chrétien, dans le silence et dans l'amour. Elle commence dans l'immédiat, à l'intérieur de la personne.

Il est des chrétiens qui, sans tarder, vivent déjà en réconciliés là où ils se trouvent, tout humblement, tout simplement.

À travers leur propre vie, ils voudraient rendre le Christ présent pour beaucoup d'autres. Ils savent que l'Église n'existe pas pour elle-même mais pour le monde, pour y déposer un ferment de paix.

« Communion » est un des plus beaux noms de l'Église : en elle, il ne peut pas y avoir de sévérités réciproques, mais seulement la limpidité, la bonté du cœur, la compassion…

Dans cette unique communion qu'est l'Église, Dieu offre tout pour aller aux sources : l'Évangile, l'Eucharistie, la paix du pardon… Et la sainteté du Christ n'est plus l'inatteignable, elle est là, toute proche.

Puis-je redire ici que ma grand-mère maternelle a découvert intuitivement comme une clé de la vocation œcuménique et qu'elle m'a ouvert une voie de concrétisation ? Après la Première Guerre mondiale, elle était habitée du désir que personne n'ait à revivre ce qu'elle avait vécu : des chrétiens s'étaient combattus par les armes en Europe, qu'eux au moins se réconcilient pour tenter d'empêcher une nouvelle guerre, pensait-elle. Elle était de vieille souche évangélique mais, accomplissant en elle-même une réconciliation, elle se mit à aller à l'église catholique, sans pour autant manifester de rupture avec les siens.

Marqué par le témoignage de sa vie, et encore assez jeune, j'ai trouvé à sa suite ma propre identité de chrétien en réconciliant en moi-même la foi de mes origines avec le mystère de la foi catholique, sans rupture de communion avec quiconque. [25]

« Nous ne chercherons pas à savoir qui a eu tort ou qui a eu raison »

Dans les débuts de notre communauté, il y avait à Lyon un cardinal du nom de Pierre Gerlier. Il fut l'un des premiers responsables d'Églises à nous faire confiance. Il ne tarda pas à devenir pour nous comme un père spirituel.

En 1958, il prit l'initiative de nous introduire auprès de Jean XXIII, à peine élu pape. Souhaitant déposer sur son cœur la question de la réconciliation des chrétiens, il demanda à Jean XXIII que sa première audience fût pour Taizé. Pourquoi si vite ? Le pape était âgé, expliqua le cardinal, il allait entendre par la suite beaucoup de paroles, il était important qu'il se souvienne bien de ce que nous lui dirions.

Jean XXIII accepta « à condition qu'ils ne me posent pas de questions trop difficiles ». Et il nous reçut aussitôt après son installation, le premier matin des audiences privées. Son accueil fut tout simple, empli de spontanéité. Le pape battait des mains et disait « Bravo ! Bravo ! » quand nous lui parlions de réconciliation. Il nous demanda de revenir pour poursuivre.

Ce jour fut pour notre communauté comme un commencement. Jean XXIII nous transmit un élan inattendu et marqua sur nous une empreinte irremplaçable. Par sa vie, ce pape très aimé nous a ouvert les yeux sur le ministère du pasteur universel, si essentiel au cœur de cette unique communion qu'est l'Église.

La vaste responsabilité pastorale qui lui fut confiée dans son grand âge a certainement épanoui en lui une exceptionnelle intuition de la communion entre chrétiens. Il déposa cette intuition dans la conscience de multitudes.

Annonçant un concile en 1959, Jean XXIII prononça quelques paroles parmi les plus limpides qui soient. Voici ces paroles de lumière : « Nous ne chercherons pas à savoir qui a eu tort, nous ne chercherons pas à savoir qui a eu raison, nous dirons seulement : réconcilions-nous ! » [26]

« Pour l'Église, nul n'est étranger, nul n'est exclu, nul n'est lointain »

Une dizaine d'années auparavant, en 1949, le même cardinal Gerlier nous avait déjà suggéré d'aller à Rome pour entre-prendre une démarche œcuménique, bien qu'à l'époque presque personne ne connût le nom de Taizé. Il avait alors demandé à un évêque italien, Giovanni Battista Montini, de nous accueillir. Aussitôt une relation de profonde confiance commença avec celui-ci, homme d'ouverture et de prière, et cette relation continua pendant toutes les années suivantes.

En 1963, Giovanni Battista Montini fut élu pour prendre la succession du bien-aimé Jean XXIII : il devint pape sous le nom de Paul VI. Dès lors, chaque année, il nous reçut pour une audience privée. Je voudrais raconter quelque chose de ce pape, parfois un peu oublié entre les deux si exceptionnels ministères de Jean XXIII et de Jean-Paul II.

Le pape Paul VI avait le sens des gestes humains. Pendant le concile Vatican II, auquel nous avions été invités, il savait que, avec mes frères, deux fois par jour nous recevions des évêques pour le repas dans notre appartement de Rome. Un soir, un envoyé du Vatican arriva avec une caisse de pommes et une caisse de poires que le pape avait reçues et qu'il souhaitait partager avec nous.

Paul VI aimait nous faire des cadeaux. J'en étais gêné puisque jamais nous n'acceptons de dons. Une fois je lui dis : « Ce cadeau-là, nous le donnerons à d'autres. » Mais Paul VI d'insister : « Non, c'est pour Taizé. » Comment refuser ? Le plus beau que nous ayons de lui est un calice, pour la célébration de l'Eucharistie. Nous le conservons avec le bréviaire de Jean XXIII que nous avions reçu de son secrétaire après sa mort.

Paul VI fut le premier pape à entreprendre de grands voyages à travers les continents. En 1968, il m'invita à l'accompagner en Colombie, dans le même avion. À Bogota, avec notre frère Robert, nous avons logé dans une favela, quartier très pauvre de la périphérie de la ville.

Paul VI avait tant de confiance qu'il souhaita établir une relation plus étroite avec notre petite communauté. En juillet 1971, il nous envoya à Taizé quelqu'un de Rome avec qui une lettre toute simple fut signée. Cette lettre exprimait qu'il y aurait désormais un « représentant du prieur de Taizé auprès du Saint-Siège », afin qu'existe un lien direct. Ce lien continue jusqu'à aujourd'hui.

Lorsque, quelques semaines plus tard, je reçus un coup de téléphone disant que cette nouvelle allait être rendue publique par le journal officiel du Vatican, je suis sorti seul pour une promenade. La lourde pluie de la nuit remontait en vapeur d'eau, tiédie par une terre gavée de soleil. Au retour, j'écrivis ces lignes dans mon journal :

« Qui es-tu dans cet événement ? Je me vois, homme pauvre, marchant sur l'herbe fauve. Je ne mesure pas encore ce que suppose cet accord signé voici trois semaines. Mais je sais une chose : j'aime cette " Église pérégrinante qui est à Rome ", et son évêque. Que puis-je demander à celui-ci sinon qu'il éclaire, qu'il stimule une communion entre tous ceux qui se réfèrent au Christ ? »

En décembre 1971, à la fin d'un entretien avec Paul VI, je prononçai des paroles que je ne pensais pas dire : « Le nom de Taizé est parfois lourd à porter. » Le pape répondit : « Le nom de Taizé ne peut pas disparaître. » Et il fit une comparaison généreuse avec un lieu historique. Paul VI ajouta : « La première fois que nous nous sommes rencontrés, vous m'avez dit que vous étiez des pèlerins. Je m'en suis toujours souvenu. » Oui, nous sommes des pèlerins, pauvres de moyens. Et le pape conclut : « Moi aussi, je suis un pauvre. »

Paul VI était désireux de soutenir une pastorale des nouvelles générations et il se montrait attentif à ce que nous vivions. En décembre 1972, notre audience avait été fixée au soir à vingt heures. Paul VI avait lu attentivement le rapport où je tentais d'exprimer quelques courants caractéristiques de la conscience des jeunes générations contemporaines. Mon interrogation : comment ne pas rejeter mais assumer ces courants ?

Après l'entretien, nous sommes allés dans la chapelle privée du pape pour une prière sobre et un moment de silence. « Je sais qu'à Taizé vous aimez le silence » dit le pape. Puis nous avons continué la conversation autour de la table du repas. Mon cœur était comblé de trouver auprès de Paul VI une telle capacité de saisir la problématique des jeunes.

En prenant congé, je marchais à ses côtés dans le couloir de son appartement, et il me dit : « Frère Roger, si vous avez la clé pour communiquer la foi aux jeunes, dites-le-moi ! » J'ai répondu : « Je voudrais bien avoir cette clé, mais je ne l'ai pas et je ne l'aurai jamais. À Taizé, nous n'avons pas de méthode pour transmettre la foi. »

Quelques années plus tard, c'était en mai 1977, le pape, plein d'attention, s'intéressait à ce que nous avions vécu à Calcutta avec des jeunes de tous les continents. Il dit : « Je voudrais être digne de ces jeunes qui vont si loin dans l'engagement. » Plus tard : « Je voudrais être à la hauteur. » Et il demanda : « Que puis-je pour eux ? » Plus il devenait âgé, plus le mystique en lui l'emportait. Sa transparence était poignante. Il fit une réflexion si surprenante, à partir de ce qu'il vivait, que, face à cet homme abreuvé d'épreuves, un mot jaillit spontanément de mes lèvres : « Il y a en vous la trace de la sainteté du Christ. »

Le 6 août 1978, nous achevions dehors, sous les arbres, une dernière prière de la journée quand notre frère Alain vint me souffler à l'oreille : « La radio a annoncé que Paul VI était mort. » Nous nous sommes remis à genoux pour prier.

Même âgé, Paul VI conservait une passion pour le devenir de l'humanité. Chaque fois que je lui ai parlé des jeunes, son attention s'est faite vive. Il comprenait leur recherche. Pas de mises en garde, il exprimait sa confiance. Il a reçu des notes nous concernant qui n'étaient pas toujours favorables, mais il est demeuré confiant.

Paul VI était un homme de grand courage. Il pouvait, avec la même capacité, analyser et faire la synthèse d'une situation. Il se trouva placé face à une tourmente, une profonde crise dans l'Église, au point que, pensait-il, « son autorité s'arrêtait à la porte de son bureau ». Il me l'a dit un jour en ces termes. Mais, à travers ce qu'il a été, il ouvrit les chemins du futur avec une étonnante sensibilité et une intelligence peu commune. Il prépara ainsi ce qu'allait accomplir après lui le très aimé pape Jean-Paul II.

Ceux qui relisent ce que Paul VI a écrit savent que ses textes sont des mines de réflexion dont toute la portée n'apparaîtra que plus tard, par exemple lorsqu'il écrit : « Pour l'Église, nul n'est étranger, nul n'est exclu, nul n'est lointain. »[27]

Un événement longtemps attendu

En 1962, un an après la construction du Mur de Berlin, notre frère Christophe, qui est mort depuis, nous disait : « Il serait si important que, deux à deux, des frères de notre communauté aillent dans les pays d'Europe de l'Est pour rencontrer des jeunes et des moins jeunes, pour écouter, comprendre. » Il était allemand. Tout jeune, à la fin de la Seconde Guerre mondiale, il avait été emmené, comme prisonnier de guerre, en Union soviétique et y avait été retenu trois ans.

Nous avons suivi son intuition et, pendant des dizaines d'années, nous n'avons pas cessé d'aller et venir dans les pays de l'Est. Lui-même commença par l'Allemagne orientale. Il n'était pas tenable de vivre dans la grande liberté des pays occidentaux, de savoir que ceux que nous aimions à l'Est étaient soumis à de durs tourments, et de ne pas aller souvent auprès d'eux.

Nous n'en parlions pas. Une discrétion s'imposait pour ne pas compromettre ceux que nous visitions. Après l'ouverture des frontières, nous avons continué ces visites. Et si maintenant nous recevons à Taizé tant de jeunes de l'Est, cela est dû à ces longues années où s'est construite une confiance réciproque.

À l'époque où l'Allemagne de l'Est était si fermée, parmi les amis que mes frères allaient discrètement y rencontrer se trouvaient plusieurs évêques luthériens. Je n'ai jamais oublié la visite de l'un d'eux à Taizé. Il avait un jour obtenu une rare autorisation de venir avec deux autres personnes. L'un de mes frères alla les accueillir à la gare. Dès leur descente du train, l'évêque lui fit comprendre par un signe discret que l'un des trois était là pour écouter et pour rapporter au retour tout ce qui serait dit.

Malgré cette présence gênante, nous avons réussi à nous entretenir seul à seul avec l'évêque. Une sortie pour visiter Cluny fut organisée pour le groupe, mais il feignit d'être malade, il resta à Taizé et profita de ces heures pour venir me voir dans ma chambre. Lors du dernier repas, il n'hésita pas à prononcer des paroles courageuses sur la situation de son pays.

Un proche parmi les proches était l'évêque luthérien de Dresde, Johannes Hempel. À partir de 1974, il essayait de m'inviter dans sa ville pour une rencontre de jeunes mais n'en obtenait pas la permission. Après bien des tentatives infructueuses, à grand-peine il reçut en 1980 un accord incertain des autorités. Plusieurs de mes frères allèrent discrètement à l'avance à Dresde pour soutenir la préparation de la rencontre. Avec quelques autres, j'arrivai sans visa, car c'était la veille seulement, et à force d'insister, que Johannes Hempel avait obtenu le papier nécessaire. Il était là, dans l'aéroport. Allions-nous être refoulés ? La possibilité de franchir la douane resta douteuse jusqu'au dernier moment.

Cette première rencontre en Allemagne de l'Est fut sans doute la plus saisissante de toutes. Le soir, des milliers de jeunes venus de diverses régions d'Allemagne orientale se réunirent dans la grande église « Kreuzkirche » pour une prière qui se prolongea tard. Voir enfin les visages de tant de jeunes que, depuis des années, nous aimions sans les connaître était une fête pour le cœur. Ils s'étaient serrés jusqu'au fond de hautes galeries. Cent cinquante Tchèques et Slovaques avaient pu venir. Par prudence, ils n'osaient pas trop montrer leur présence, mais ils se regroupèrent tout de même un moment dans une salle pour que nous puissions les rencontrer et prier avec eux.

Dans l'éternité de Dieu, notre frère Christophe devait certainement s'associer à la joie de cet accomplissement, lui qui avait tant souhaité des continuités en Allemagne de l'Est.

Après la prière, Johannes Hempel était si touché qu'il ne pouvait plus parler. Il vivait un événement attendu depuis longtemps. Tard dans la nuit, il m'emmena chez lui, il mit un disque et, avec les siens, nous sommes restés longtemps en silence, attentifs à la musique…

Sa maison était sur écoute. Avant notre départ, pour pouvoir nous entretenir librement, il nous proposa d'aller marcher un moment au bord de l'Elbe. Cette promenade le long du fleuve restera pour toujours dans ma mémoire. Je sentais qu'il était possible de lui parler de ce qui nous préoccupait. La disponibilité de son esprit était telle que je pouvais tout lui dire.

Aussitôt après, je notai ces mots dans mon journal : « Johannes Hempel… où trouver un être plus attentif et courageux, ouvert incomparablement ? »

La joie de l'Esprit Saint
visible parmi les humains

Il m'a été donné en 1978 d'aller pour la première fois à Moscou et à Saint-Pétersbourg, qui s'appelait alors Leningrad. Les chrétiens y connaissaient la dure épreuve.

Une nouvelle invitation arriva dix ans plus tard, pour le millénaire du baptême de la Russie. L'accueil de l'Église orthodoxe fut chaleureux : il était sensible que notre petite communauté était aimée. Dès le lendemain de notre arrivée, avec l'un de mes frères, nous étions introduits dans le concile qui, au monastère de la Trinité Saint-Serge, réunissait tous les évêques russes. Les chants étaient d'une inégalable force d'expression, une visitation de Dieu, la joie de l'Esprit Saint visible parmi les humains.

Nous pensions être là quatre jours, mais nous sommes restés presque deux semaines. Revoir dans l'humble peuple, à Moscou, à Iaroslavl, à Kiev, tant de visages de paix et de bonté, touchait aux profondeurs. Je me disais : serions-nous venus seulement pour voir ces visages, reflets de la sainteté de Dieu, ce serait déjà suffisant pour combler nos cœurs. Tant de chrétiens malmenés ont tenu et n'ont pas perdu la foi, malgré l'énorme poids des peurs. Quel rayonnement porte ce peuple mystique !

À Moscou, je me suis entretenu un jour avec une jeune traductrice russe. À un moment donné, elle sortit de son sac un nouveau testament tout usé et me dit : « C'est ma grand-mère qui me l'a donné. » Elle ajouta : « Ce qui m'a le plus touchée dans la vie de ma grand-mère, c'est son désintéressement, le don d'elle-même :

cela a rendu crédible sa foi en Dieu. » Qui dira assez ce que, en Russie, tant de femmes âgées ont transmis aux plus jeunes, au long des années difficiles ?

À la fin de notre séjour, des responsables orthodoxes nous montrèrent l'un des cinq mille exemplaires de la Bible du millénaire, celle qu'ils avaient été autorisés à imprimer en russe, pour la première fois depuis soixante-dix ans. Je leur racontai que, une vingtaine d'années auparavant, à la fin du concile Vatican II, des évêques d'Amérique latine nous avaient dit combien ils avaient besoin de nouveaux testaments. Notre communauté en avait fait imprimer un million, pour les distribuer dans tous les diocèses du continent, et ce fut le premier nouveau testament traduit en espagnol latino-américain. Quelques années plus tard, nous faisions aussi parvenir aux évêques du Brésil un demi-million de nouveaux testaments en portugais. Écoutant ce récit, les évêques russes firent ce commentaire : « Nous aurions besoin non pas d'un million, mais de vingt millions de bibles ! »

Ces paroles m'accompagnèrent les jours suivants. De retour à Taizé, nous avons réfléchi, nous avons prié. Et, avec mes frères, nous avons pensé pouvoir prendre le risque de faire imprimer en France un million de nouveaux testaments en russe, reproduisant l'édition du millénaire.

Le régime soviétique était encore en place. En février 1989, sans avoir pu obtenir d'autorisation écrite, neuf camions partirent de France, emplis de nouveaux testaments en russe. Ils parvinrent à franchir la douane et arrivèrent à Moscou, Minsk, Kiev et Leningrad. Les frais de cette édition furent assumés grâce à la solidarité de chrétiens d'Europe occidentale.

À Taizé, nous aimons l'Église orthodoxe de tout notre cœur, de toute notre âme. Dans ses lieux de prière, la beauté des chants, l'encens, les icônes, fenêtres ouvertes sur les réalités de Dieu, les symboles et les gestes de la liturgie célébrée dans la communion des chrétiens depuis des siècles, tout appelle à discerner la « joie du ciel sur la terre ». L'être dans sa globalité en est touché, non seulement dans son intelligence, mais dans sa sensibilité, et jusque dans son corps lui-même.

Comment exprimer assez de gratitude aux orthodoxes de Russie, de Biélorussie, d'Ukraine, pour ce qu'ils ont été dans les épreuves traversées pendant soixante-dix ans, et pour ce qu'ils sont aujourd'hui ? Comment être assez attentifs aux dons déposés dans les peuples de Roumanie, de Serbie, de Bulgarie, de Grèce ?

Ô Dieu, nous te louons pour les multitudes de femmes, d'hommes, de jeunes, et même d'enfants, qui, à travers la terre, cherchent à être témoins de paix, de réconciliation, de communion.

Un avenir de paix

Dieu ne peut qu'aimer

Aujourd'hui plus que jamais monte un appel à ouvrir des voies de confiance jusque dans les nuits de l'humanité. Pressentons-nous cet appel ?

Il en est qui, par le don d'eux-mêmes, témoignent que l'être humain n'est pas voué à la désespérance. Leur persévérance donne de regarder l'avenir avec profonde confiance. À travers eux, ne voyons-nous pas surgir, jusque dans les situations du monde les plus troublées, des signes d'un indéniable espoir ?

Ils sont à l'écoute de l'insondable peine des innocents. Ils n'ignorent pas, en particulier, la croissance de la pauvreté dans le monde, ni la souffrance de nombreux enfants.

Ils le savent : ni les malheurs, ni l'injustice de la pauvreté ne viennent de Dieu. Dieu ne peut qu'aimer. Il regarde tout être humain avec une infinie tendresse et une profonde compassion.

Quand nous saisissons que Dieu aime jusqu'au plus abandonné des humains, notre cœur s'ouvre aux autres, nous sommes rendus plus attentifs à la dignité de chaque personne et nous nous interrogeons : comment participer à la préparation d'un autre avenir ?

Notre confiance en Dieu est reconnaissable quand elle s'exprime par le don tout simple de nous-mêmes pour les autres : c'est avant tout quand elle est vécue que la foi devient crédible et se communique.

« Aime et dis-le par ta vie » : ces paroles ont été écrites trois siècles après le Christ par saint Augustin.

Aimer avec compassion

Début janvier 1990, quelques jours après la grande secousse qui a transformé la Roumanie, nous y sommes allés avec deux de mes frères. Nous avons échangé avec des jeunes. En cette période grave, un jeune Roumain nous a raconté que, par amour de la liberté pour son peuple, il avait été jusqu'à prendre le risque de sa vie. Parlant du futur, il ajouta : « Sans pardon, sans réconciliation, il n'y aura jamais de paix, jamais de Roumanie, jamais d'Europe. »

Ce jeune en avait pris conscience : sans pardon, y a-t-il un avenir pour des peuples qui ont été déchirés ? Sans compassion, quel avenir pour chaque personne ? Sans paix, comment construire la famille humaine à travers la terre ?

Au IVe siècle, saint Basile écrivait : « Tu deviens à la ressemblance de Dieu en acquérant la bonté. Fais-toi un cœur de miséricorde et de bienveillance, afin de revêtir le Christ. » [28]

Si nous perdions la miséricorde, feu intérieur d'inépuisable bienveillance, que nous resterait-il ?

Pour qui cherche à aimer avec la bonté du cœur, la vie s'emplit d'une beauté sereine.

Seule la compassion donne de voir l'autre tel qu'il est. Un regard d'amour discerne en chacun la beauté profonde de l'âme humaine.

Si la compassion du cœur était au commencement de tout…

si l'amour qui réconcilie devenait brûlure en nous…

… autour de nous rayonnerait, même à notre insu, une transparence d'Évangile…

… et s'éclairerait cette parole : « Aime et dis-le par ta vie ! »

Aimer et le dire par sa vie

Dès les premières années de notre communauté, il a paru essentiel que certains de nos frères aillent partager l'existence des plus démunis. C'est ainsi que, depuis plus de trente ans, quelques-uns de nos frères sont au Bangladesh.

Ils vivent dans une grande simplicité, ne mangeant que du riz et des légumes, un œuf ou un morceau de poisson une fois par semaine. Souvent ils reçoivent au repas les plus déshérités. Ils accueillent, soutiennent des handicapés, et accompagnent des malades pour qu'ils aient les soins nécessaires. Ils aident des jeunes du pays à prendre des responsabilités pour les plus pauvres, entre autres en animant de petites écoles pour les enfants. Dès le début, des échanges confiants se sont établis avec des croyants musulmans.

Voici bien des années, avec l'un de mes frères, nous sommes allés visiter cette petite fraternité du Bangladesh. Arrivant devant leur pauvre demeure, nous avons découvert un enfant d'un an, vêtu d'un haillon, qui s'accrochait à son frère à peine plus âgé. Ces deux enfants nous attendaient. Prenant le plus jeune dans mes bras, je m'aperçus qu'il était figé de froid. Nous sommes d'abord entrés dans le petit oratoire pour prier. J'ai gardé l'enfant dans mes bras pour le repas. Peu à peu il s'est réchauffé et a fini par prendre un peu de nourriture. L'enfant se remet à vivre quand il sent qu'il est aimé et qu'on prend soin de lui.

Avec mes frères, nous avons échangé. Leur présence paraît peu de chose. Mais, par elle, nous n'abandonnons pas certains des plus malheureux sur la terre. Comment tiendrions-nous à Taizé si plusieurs d'entre nous ne vivaient pas au milieu des plus pauvres en Asie, en Afrique, en Amérique latine ?

Pourquoi aller vivre à quelques-uns dans de telles conditions et y rester de longues années, peut-être toute la vie ? Non pas pour apporter des solutions, mais avant tout pour être une simple présence d'amour. Oui, pour aimer et le dire par notre vie.

La paix commence en nous-mêmes

« Dieu prépare pour vous un avenir de paix et non de malheur ; Dieu veut vous donner un futur et une espérance. » [29] Ces paroles ont été écrites six cents ans avant le Christ.

Des multitudes aspirent aujourd'hui à un avenir de paix, à une humanité libérée des menaces de violence.

Si certains sont saisis par l'inquiétude du futur et s'en trouvent immobilisés, il y a aussi, à travers le monde, des jeunes inventifs, créateurs.

Ces jeunes ne se laissent pas entraîner dans une spirale de morosité. Ils savent que Dieu ne nous a pas faits pour être passifs. Pour eux, la vie n'est pas soumise aux hasards d'une fatalité. Ils en sont conscients : ce qui peut paralyser l'être humain, c'est le scepticisme ou le découragement.

Aussi ces jeunes cherchent-ils, de toute leur âme, à préparer un avenir de paix, et non de malheur. Plus qu'ils ne le supposent, ils parviennent déjà à faire de leur vie une lumière qui éclaire autour d'eux.

Ce ne sont pas seulement les responsables des peuples qui bâtissent le futur. Le plus humble des plus humbles peut contribuer à construire un avenir de paix.

Un chrétien qui vivait à Milan voici très longtemps, du nom d'Ambroise, écrivait : « Commencez en vous l'œuvre de paix, au point qu'une fois pacifiés vous-mêmes, vous portiez la paix aux autres. » [30]

Il peut y avoir dans l'être humain des pulsions de violence. Pour que se lève une confiance sur la terre, c'est en soi-même qu'il importe de commencer : cheminer avec un cœur réconcilié, vivre en paix avec ceux qui nous entourent.

Une paix sur la terre se prépare dans la mesure où chacun ose s'interroger : suis-je disposé à chercher une paix intérieure, prêt à avancer avec désintéressement ? Même démuni, puis-je être ferment de confiance là où je vis, avec une compréhension pour les autres qui s'élargira toujours davantage ?

Il en est qui sont porteurs de paix et de confiance là où il y a des ébranlements et des oppositions. Ils persévèrent même quand l'épreuve ou l'échec pèsent sur les épaules.

Achevant d'écrire ces pages quelques semaines après la mort du très aimé pape Jean-Paul II, je voudrais dire ici que mon cœur demeure empli de gratitude pour l'exceptionnel ministère de communion et de paix qu'il a exercé pendant plus de vingt-six ans. Il a soulevé une espérance chez tant de jeunes. Plus de cent voyages dans la plupart des pays du monde ont été la claire expression d'une âme tellement attentive à préparer un avenir de paix.

Chacun peut commencer à devenir, par sa propre vie, un foyer de paix. Quand des jeunes prennent une résolution intérieure pour la paix et pour la confiance, ils soutiennent une espérance qui se transmet au loin, toujours plus loin.

À Taizé, certaines soirées d'été, sous un ciel chargé d'étoiles, nous entendons les jeunes par nos fenêtres ouvertes. Nous demeurons étonnés qu'ils viennent si nombreux. Ils cherchent, ils prient. Et nous nous disons : leurs aspirations à la paix et à la confiance sont comme ces étoiles, petites lumières dans la nuit.

Aussi, pour ma part, j'irais jusqu'au bout du monde, si je le pouvais, pour dire et redire ma confiance dans les jeunes générations.

Notes

1. Luc 8, 50.
2. Matthieu 16, 15.
3. 2 Timothée 1, 7.
4. Voir Ecclésiastique 30, 21-23.
5. Saint Augustin, *Confessions* 12, 10, 10,
   in *Aime et dis-le par ta vie*, coll. « Fontaine
   vive », Centurion, Paris, 1977, p. 37.
6. Matthieu 5, 44.
7. Voir Jean 14, 16-18.
8. *Taizé – un sens à la vie*, Bayard-Centurion,
   Paris, 1997, p. 91.
9. Voir Luc 10, 21.
10. Voir Jean 1, 9.
11. Matthieu 5, 3.
12. Luc 18, 16.
13. Paul VI, Discours de la dernière séance
    publique du Concile Vatican II,
    le 7 décembre 1965, in *Discours au Concile*,
    coll. Documents conciliaires n° 6,
    p. 249, Centurion, Paris, 1966.
14. Matthieu 25, 40.
15. 1 Jean 4, 8 et 16.
16. Isaïe 26, 9.
17. Commentaire sur le psaume 37, 14,
    in *Aime et dis-le par ta vie*, op. cit. p. 60.
18. Voir Jean 6, 68.
19. Jean 4, 24.
20. Luc 23, 46.
21. Commentaire sur le psaume 125, 8,
    in *Aime et dis-le par ta vie*, op. cit. p. 61.

22. Cité dans SOP (Service orthodoxe de presse) n° 282, novembre 2003.

23. Discours du pape Jean-Paul II à la délégation de l'Église orthodoxe grecque le 11 mars 2002.

24. Voir Matthieu 5, 24.

25. Lors de sa visite à Taizé le 5 octobre 1986, le pape Jean-Paul II a suggéré une voie de communion en disant à notre communauté : « En voulant être vous-mêmes une " parabole de communauté ", vous aiderez tous ceux que vous rencontrez à être fidèles à leur appartenance ecclésiale qui est le fruit de leur éducation et de leur choix de conscience, mais aussi à entrer toujours plus profondément dans le mystère de communion qu'est l'Église dans le dessein de Dieu. »

26. Discours aux curés de Rome, février 1959.

27. Paul VI, Homélie de clôture du Concile, le 8 décembre 1965, in *Discours au Concile*, coll. Documents conciliaires n° 6, op. cit. p. 257.

28. Homélie I, 17, in *Sur l'origine de l'homme*, Sources chrétiennes 160, Cerf, Paris, 1970, p. 209.

29. Voir Jérémie 29, 11.

30. *Traité sur l'Évangile de Luc*, V, 58, Sources chrétiennes 45 bis, Cerf, Paris, 1971, p. 204.

Table des matières

Pour mieux connaître Taizé

Kathryn Spink
La vie de frère Roger, fondateur de Taizé
Le Seuil, 1998

Olivier Clément
Taizé - un sens à la vie
Bayard Éditions, 1997

DVD :
Rencontre avec frère Roger
1. Aux sources d'une création
2. Serviteurs de la confiance
Ateliers et Presses de Taizé
Distribution : La Procure, Paris

Une liste plus complète de livres, CD et DVD
en de nombreuses langues est disponible sur : www.taize.fr

Cet ouvrage a été imprimé par
l'imprimerie Darantiere à Quetigny
pour le compte des Presses de Taizé
en novembre 2005

N° d'impression : 25-1551

DL juillet 2005 – N° 1016 – les Presses de Taizé

Imprimé en France